>> 15分钟就够！

曼舞修身

（美）凯伦·博斯勒 著　　王贯中 译

世界图书出版公司

北京·广州·上海·西安

健康提醒

　　所有参加健身的人都必须对自己的行为和安全负责，如果你有健康问题或是正在就医，在做本书列举的任何动作之前请务必向医生咨询。合理的判断和正确的决定可以帮你降低受伤的风险，这是本书所含信息所不能替代的。

目　录

作者序

作者简介

凯伦·博斯勒在伦敦拉班现代舞中心获得了硕士学位，得到过纽约康宁汉舞蹈团的优秀学生奖学金。她拥有纽约普拉提工作室（The Pilates Studio,NYC）和伦敦阿兰·赫德曼普拉提工作室（Alan Herdman,London）的认证，是普拉提基金会和普拉提技术联盟的注册会员,还获得了有氧运动的资格认证。

作为一名舞者，凯伦同世界级编舞家斯蒂芬·科波罗维兹在美国合作过，也曾参演英国 Dance Umbrella 舞蹈节。她还在摩洛哥的卡萨布兰卡表演过"The English Ballet",此外，编舞工作也贯穿着凯伦的整个舞蹈生涯。她的作品有"Gripping from the inside"（1996 年）、"Between Sound and Body"（1998 年)和"Un árbol que crece torcido nunca se endereza"（2001 年）。她是有氧运动和普拉提的私人教练,但出于兴趣，她还去参加伦敦 Pineapple Dance Studios 和 Dance Works 的舞蹈课程。凯伦所著的图书还包括《健康激励：绝对普拉提》和《健康激励：瑜伽和普拉提——全身运动》。

你可以通过凯伦的网站或邮箱联系她：www.caronboslerpilates.com、caronbosler@pilatesinternational.com。

和大多数得克萨斯女孩一样，我 12 岁就开始学舞蹈了。这都是为了安抚我那个唠叨的老妈，她背地里都在替我祈祷我能走得至少比推土机优雅些。出乎她的意料，我竟然喜欢上了舞蹈。但是，在舞蹈学校的年度舞会上，我一出场就猛地撞上了音箱，伤到了脑袋，缝了八针，救护人员都来到了中间的走道上……

我于是在高中一边学习跳舞时如何绕开音箱，一边在健身房打工养活自己。在获得普拉提认证后，我靠教授普拉提每小时能获得 12 美元的收入，我明白我的机会来了。果然，后来我靠做健康顾问和健身教练很好地养活了自己，使自己得以在纽约康宁汉舞蹈团学习，并在伦敦拉班现代舞中心拿到了舞蹈硕士学位。

现在我已经搬到了伦敦，虽然 28 岁时就结束了职业舞蹈生涯，但舞蹈至今仍是我教学和做事的核心。学舞蹈时学到的东西——姿势、伸展、用心运动、平衡、优雅、流畅还有格调，都超越了课程，成为我日常生活的一部分，相信它们也会成为你生活的一部分。

在过去 10 年里，我将这些理念融入了私人健身课程中。登门授课的好处是你能真正地了解客户，并了解如何能从根本上激励他们。登门授课也有弊端，每天的时间有限，所以能见的客户数量也有限。这项工作是我努力将舞蹈的快乐和激情传得更广一些的方式。撇开健身不谈，我希望每个人都能体会到纯粹的舞蹈的乐趣——淋漓的汗水，健康的体魄，充沛的精力，柔韧的身体都可以由那一下简单的弯腰获得。

享受这些舞蹈健身最好的方式，是抛弃自我评判自由地跳起来。那么，就从抽时间来学习这些新的技巧开始吧。当你意识到你每天都在做对你心脏、肺部、身体和精神有好处的事情时，你就会感到干劲十足。这是我对每一个想健身或保持身材的人的希望。

凯伦·博斯勒

>> 本书的**使用方法**

书中 4 组 15 分钟的舞蹈健身中无论哪一组，都提供了完整的有氧结构的健身运动（见第 14 页）。花时间仔细学习这些运动，充分熟悉每一个步骤。拉页的总结可以作快速的提醒。

每一组舞蹈健身都有初级、中级和高级阶段。你没必要按特定的顺序来，可以从你最喜欢的阶段开始。

附赠的 DVD 演示了全部 4 组舞蹈健身。练习之前，要通读书本的内容，这样你才能熟悉哪些动作要先做，哪些动作是重点。比如，芭蕾舞健身重在手臂要柔软、优雅，而萨尔萨舞健身则重在臀部的运动。

DVD 为你提供了一个可以模仿的影像，就像你在舞蹈课上看着老师一样；配音则加强了 DVD 的效果，它会报出每个动作的名称，并告诉你该迈哪条腿；DVD 播放时，动作对应的书本页码会出现在屏幕上，方便你参照书本获得更详细的指导；书中的插图为你展示动作步骤，并让你注意到动作间的变化；注释则提示你姿势应如何做到位，每个动作应注意哪些地方。

最后，整本书中的"重复"一词都表示左右两边身体将动作各重复一遍。

拉页

拉页会将每组舞蹈健身从头到尾列出来。如果你看过 DVD 后想仔细了解每个动作，拉页就可以作为快速的参考。你对每个动作越熟悉，就能做得越好。

安全须知

开始锻炼前，一定要经过医生的许可。因为书中的建议和练习无法代替个人医疗帮助，而医疗专家可以建议你预先做一些适合的练习。

拉页能向你全面展示一组全身运动，快速而简便地为你的运动提供参考。

17 交叉跨步 2：将交叉跨步 1（步骤 9，插图、步骤 10）重复 4 次。左脚向侧面迈去，右脚向后交叉，左脚再向前靠近步。现在不用右脚脚尖点地，而是弯曲右脚并用脚趾点地。同时抬起右腿和臀部，腰向前方，换另一边重复一遍，将整套动作再重复 3 次。

18 前后动作 2：将前后动作 1（步骤 11，插图、步骤 12）重复 4 次，然后向前慢跑 3 步，两只脚都要整个提起。再向后慢跑 3 步只脚都要整个提起。慢跑的时候，两脚要用脚尖点地，膝盖保持柔软，最后再重复 3 遍。

19 脚跟点地 2：将脚跟点地 1（步骤 13，插图、步骤 14）重复 8 遍。然后在体侧放松双臂，左脚独立，右脚交叉到左脚前，并用脚跟点地，同时弯曲双臂向后上方抬起，胳膊肘弯曲，双臂收回到体侧身前下方，换另一边重复一遍，将整套动作重复 8 次。

20 拳击跨步 3：将拳击跨步 2（步骤 15，插图）重复 8 遍。然后左脚向左前方迈出，右肩和右臂向前伸，揭下来左侧向右前方迈去，左肩和左臂向前伸。最后，向后做 2 个小跳，回到起动姿势，将此动作重复 8 次。

注解提供了额外的指示、秘诀和要点。

步骤图 除非另作说明，否则每页左上角的小图会为你展示一套动作的起步动作，大图则为你展示下一个动作。

为你展示整组运动的主要步骤

>> 练习与姿势

运动对身心都有益。它使你更有活力，不管发生什么都能更好地面对生活。此外，如果你将保持良好姿势变成习惯，你不但能从日常锻炼中获益，外表也会变得更好。

有氧运动或心血管运动只代表一种在一段持续的时间内使心率保持较高水平的运动形式。有氧运动从字面上理解，就是"带着氧气运动"，即通过提高心率、加强心肺功能，使身体更有效地吸收氧气。这个提法最早是由得克萨斯州圣安东尼奥市的肯尼·H·库珀博士在1968年提出的。起先，有氧运动包括骑车、跑步和游泳这类运动，但正是从这类简单的运动中发展出了今天的有氧运动。

"说话检验"法

运动一定要在安全的范围内进行。检验运动是否安全最简单的办法是"说话检验"法。很简单，运动时如果你还能自如地说话，就表明你的心率处于安全的范围内；如果你感到呼吸困难或不舒服，那么就应该停止运动。

正确的姿势

不论在锻炼时还是日常生活中，正确的姿势和挺直都非常重要。走路、站立、搬重物或拿公文包都要用到脊椎。而只要多一点努力，你就能终生保持完美的姿势，并拥有一个健康的脊椎。

持续的有氧运动能促进血清素的产生，血清素是一种作用于大脑(包括高昂情绪)的神经递质。

头顶朝向天
花板

肩膀打开
并放松

向上提起
腹肌

尾骨向下伸

髋骨要平

双膝放松

将重心置于
脚踝前方

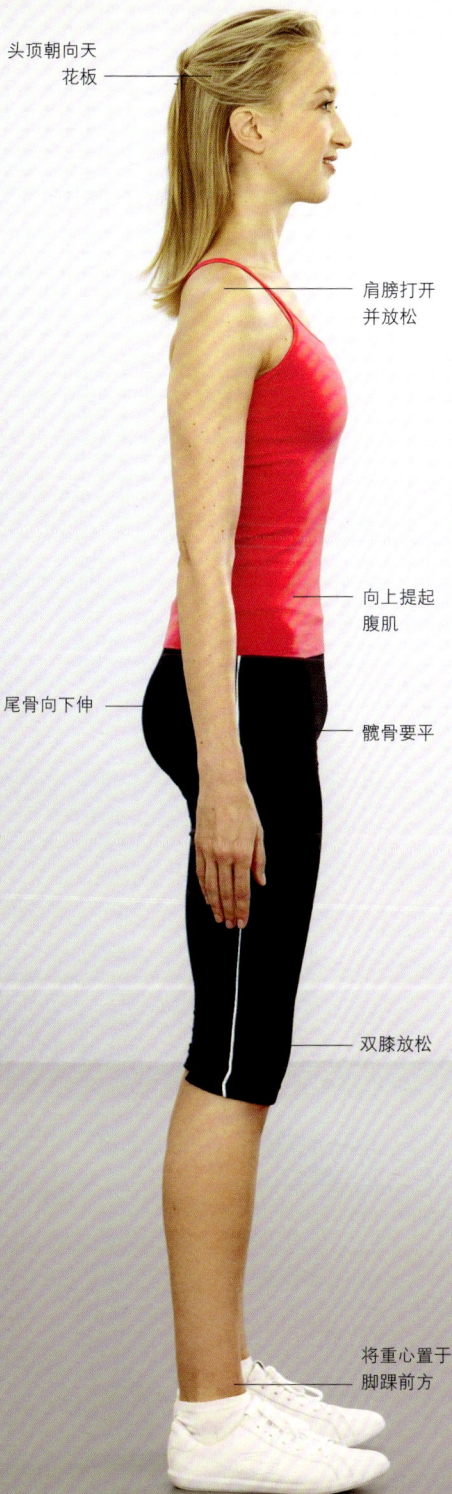

如果每天都练习正确的站立姿势，那不论何时你都能看到成效。练习的一个大好时机是早上对着镜子刷牙的时候。这时两脚要平行站立，与臀部同宽，身体的重量要均匀地分布在两只脚上。然后使脚尖和脚踝轻微地前后摇晃。如果你想将重心稍稍置于脚踝前方，膝盖就要放松但不僵硬。髋骨要平，不斜向任何一边，尾骨向下伸。向上提起腹肌，头顶朝向天花板，肩膀打开并放松。此外，耳朵顶部、肩膀中部、臀部、膝盖、脚踝要同在一条直线上。

习惯这种感觉，并尽量在日常生活中不时地检查自己的站立姿势。坐着的时候也要有这种意识，注意头和腹部要往上提，肩膀要打开。

要防止下背部疼痛，保持**正确的姿势和挺直**很有必要。而只要拉伸腹肌，就能将压力从下背部转移掉。

>> **有氧运动的益处**

- **降低**心脏病、糖尿病和其他疾病的患病率

- **减肥**

- **促进**新陈代谢

- **强化**心脏

- **降低**静息心率，使心脏给全身供血时不那么累

- **提高**身体更有效地利用氧气的能力，并更快地燃烧脂肪

- **减轻**压力

>> 舞出健康

练习舞蹈能提升你的平衡、优雅、挺直和协调性，使你更好地把握节奏，提高记忆力，增强自尊，更懂得欣赏音乐。除此之外，练习舞蹈还有许多其他的益处。

除了为你提供一个很好的锻炼方式，提升平衡能力以外，舞蹈健身还能塑造出舒展、清晰、结实的肌肉和健壮、轮廓分明的身材。与在健身房举重不同，舞蹈可以拉伸和强化肌肉，而举重会形成大而短的肌肉。舞蹈也能增强脊椎、臀部和其他关节的柔韧性。此外，舞蹈还能加强改善姿势和挺直的自我意识。

大多数姿势问题都由缺乏意识和懒惰造成。通过练习舞蹈，你会变得更在意头、颈、肩膀与身体其他部位的关系 (见第 10–11 页)，这就是改善的第一步。

练习**萨尔萨舞**时轻柔地摆动手腕、扭动臀部能教会你协调身体、把握节奏。

练习**芭蕾舞**能使身体更挺直，姿态更优雅，身体更柔韧。

作为有氧运动的舞蹈

不幸的是,舞蹈课往往太有条理,舞蹈从未被认为是一项有氧运动。芭蕾舞教练每次在把杆上示范一个动作或教授地板动作时,都会停下来。而真正的有氧运动必须是连续的,所以这类舞蹈课并不能提供有氧健身。

书中的 4 组舞蹈健身结合有氧运动和舞蹈之所长,却只需要花费 15 分钟的时间;此外,每组运动都适合初学者和中等、高等水平的人;你也不必按特定的顺序练习,可以从你最喜欢的舞蹈类型开始。

为什么会选择这些舞蹈类型?

在为本书选择舞蹈类型时,我尽量从类别广泛的大众舞蹈流派中挑选,作为主流大众舞蹈文化的舞蹈和作为古典艺术形式的舞蹈都在我的选择范围内。我希望通过学习古典芭蕾,你能更深入地理解和欣赏这种舞蹈风格;爵士舞健身的动作和韵律能让人回忆起鲍勃·福斯还有百老汇音乐剧;而当你伴着萨尔萨舞的旋律轻柔地扭动臀部时,你会感受到浓烈的拉丁美洲氛围;街舞则自然率直、脚踏实地。虽然跟其他人相比,一种舞蹈类型对你而言更有吸引力,但尝试各种类型的舞蹈也是一件很有趣的事情。

书中的健身动作都很好学。一般是从脚的动作开始,然后加入手臂动作,等你有了自信,再加入肩膀和臀部的动作。别忘了要跳得开心,并把自己的风格加入到舞步当中。

爵士舞中有力的小斜线运动能加强身体的协调性、平衡能力和肌肉的紧实度。

练习街舞能加强节奏感、协调性,街舞的动作又很多样。

>> 运动的构成

有氧运动课通常由 3 个不同的部分构成,首先是热身,接着是有氧运动,最后是整理运动和伸展运动。舞蹈健身也由这 3 部分构成。

热身运动正如你想象的那样,能使身体热起来,活动关节和肌肉,为接下来的运动做好准备。如果不热身就开始运动,比如直接跳起来,你很可能会受重伤。其实只要通过几个轻微的伸展运动热身,你就可以打开关节,增强关节的运动能力,使身体为更多激烈的运动做好准备。

有氧运动

有氧运动是所有有氧课程中持续时间最长的部分,其目的是锻炼心脏。心脏也是肌肉,和其他肌肉一样能很好地对运动作出反应。心率是每分钟心脏跳动或收缩的次数。有氧运动能使心脏每分钟跳动的次数逐渐增加,提高心率,并加强心脏功能。有氧呼吸曲线则是用来描绘有氧运动中心率如何逐渐提高,保持,然后回落到静息心率的专业术语。

在书本和 DVD 中,每一组舞蹈健身都包含了 5 个基本动作(阶段 1);这些动作随后会通过各种方式发展成有氧运动(阶段 2),比如加入一个手臂动作,或者将膝盖弯得更深,或者加大动作的幅度;在有氧呼吸曲线的顶峰,跳跃运动往往被包含在内(阶段 3)。如果你做这些运动觉得不舒服,可能是因为你还没有做好准备。别担心,只做不带跳跃的运动,你也能获得很好的锻炼。

最后,要逆序将所有的动作重复一遍,以使

有氧运动,比如慢跑、跳绳和骑车都能加强心肺功能。

心率回落到静息心率。先做跳跃运动，再做阶段2的动作，然后像开始时一样以5个基本动作结束。

整理运动、伸展运动

有氧运动结束后，要躺在垫子上做整理运动和伸展运动。整理运动能强化个别肌肉或肌肉群而不使其膨大，比如腹部运动和轻度俯卧

撑。每天做一些腹部运动，能加强腹部核心肌肉群的力量。强壮的腹肌则可以帮我们支撑脊椎，并减轻下背部的疼痛。

在紧实肌肉的同时，伸展运动还能使肌肉和关节保持柔软。你可以用腿腱拉伸或臀部拉伸来结束这一部分的运动。

下图为一例简单的整理运动。

步骤1　弯曲双膝，两脚靠拢并平放在垫子上；然后将骨盆提离地面，一次提起一块椎骨；再提起脚跟，缓缓打开膝盖时吸气。

步骤2　呼气的同时挤缩双膝。这个练习能使腿腱、大腿内侧和小腿的肌肉更强壮紧实。

你可以伸展某块特定的肌肉。小图展示通过拉伸股四头肌上的肌肉来伸展大腿前侧，大图则展示应如何伸展小腿上的肌肉。

肩膀打开并放松

脚尖直指前方

>> 给初学者的**建议**

开始任何新的锻炼都令人振奋,同时也会使人感到胆怯。虽然你希望在舞蹈健身中找到乐趣,但你也要知道该如何高效安全地锻炼以避免受伤。

开始锻炼前需要考虑的重要问题包括:你需要什么服装和器械;你需要的运动空间;要补充水分;运动时要正确地呼吸;运动的频率以及如何安全地锻炼。而作为舞蹈的初学者,你还需要了解舞者该如何与音乐合拍。

服装和器械

合适的运动服装不仅能使你运动起来更舒适,还能防止受伤。要确保你的运动鞋有一个扎实的鞋底,这样才能很好地支撑你的脚踝;服装必须舒适合体,由能让皮肤透气的材料制成;此外,还要避免过多的拉链、按钮和布料,因为拉链和按钮会造成刮伤,多余的布料则会妨碍你运动;做书中这些运动需要的唯一器械是一个舒适柔软的垫子,用来做每一组舞蹈健身结尾的整理运动和伸展运动,这部分运动时间比较短,并且是在地上进行。如果没有垫子,你可以把毯子折起来铺到地上。

需要多大的运动空间?

你要在电视机、电脑或者 DVD 播放器前清出一小块地方来,以便于你能跟着 DVD 锻炼。这块地方要足够大,向前、向后、向左、向右都能走四步。此外,还要确保没有障碍物会在你运动时绊倒你或者让你撞上。

补充水分的重要性

运动时补充水分比多数人认为的还要重要。做有氧运动时,体温会持续升高,你的身体就会自然地通过出汗来降温。运动时少量喝水能弥补你出汗时流失的水分。所以,开始运动前要放一杯水在你够得到的地方。

要避免失水造成的损害,比如头疼和抽筋,就必须在开始运动前、运动过程中和运动结束后少量饮水。

正确地呼吸能最大限度地吸收氧气。呼气时要感觉肋骨很放松(小图),吸气时则要感觉肋骨向上和向两侧扩充。

正确地呼吸

在有氧运动期间正确地呼吸能确保肺部和心脏获得足够的氧气,使身体得到休息。要随时记得深入地、充分地呼吸,可以把双手放在肋骨两侧练习。吸气时,感觉肋骨由前面慢慢向两侧、向后扩充。呼气时则感觉肋骨变软了,同时肌肉放松下来,将空气排出。

运动频率和运动时间

这4组舞蹈健身都只需要15分钟左右的时间,每个人应该都很容易抽出这点时间来。你可以在早上、中午或晚上练,但我建议最好选在早上。因为这些运动不仅能使你获得锻炼,还能让你在这一天剩下的时间里感觉良好。

每周至少要选一组舞蹈健身练习3次。找一个固定的时间练,一旦锻炼变成习惯,你就会自我感觉更好,也更有精力和体力做其他事情。

数到8拍

跟上音乐的节拍很容易。音乐被分成了有规律、有节奏的拍子,这些拍子又合成了小节。书中这些运动的背景音乐都以8拍为一小节。开始做一个动作时要重复4个8拍,这使你有机会慢慢习惯这一运动;有氧呼吸曲线(见第14页)开始下降时,再将这个动作重复2个8拍;如果你找不到音乐的拍子,那也不要紧,只要跟着DVD锻炼就可以了。

>> 安全指南

安全锻炼很关键。这样,当你的健身运动难度加大时,适当挺直和技巧就能帮你保持健康。

- **不论膝盖是弯曲还是伸直**,始终都要确保它们和脚尖同在一条直线上。一旦膝盖位于脚的内侧或外侧,就会造成不必要的膝关节劳损。

- **保持膝盖放松**。用一条僵硬的腿落地不仅会震动身体,还会损伤关节。

- **跳跃的时候**,要记得落地时先落下脚尖,然后脚踝,最后是脚跟。

- **请记得随时**收紧腹部,并将尾骨向下伸,这样就能防止驼背。驼背会造成支撑脊椎的肌肉过多地劳损,并损伤脊椎。

15分钟

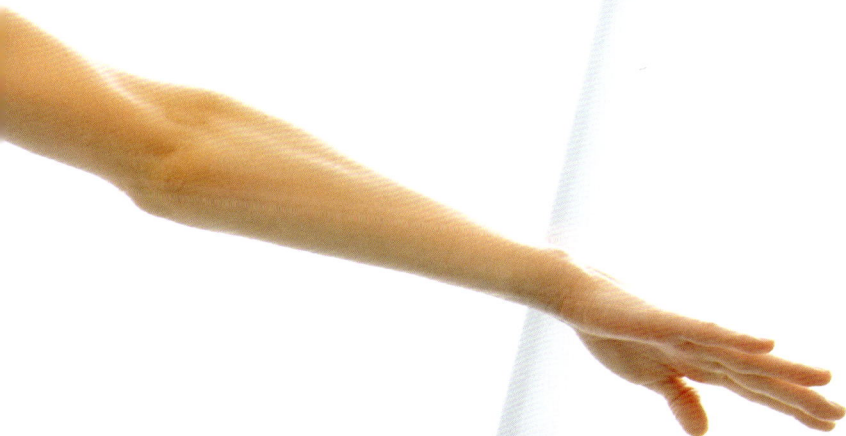

萨尔萨舞
健 身 >>

享受臀部的轻微
摆动，手腕跟着
音乐的节拍绕圈。

>> 热身运动 肩膀绕圈／转头

1 **肩膀绕圈：**两脚平行站立，与臀部同宽，膝盖放松，肩膀向前绕圈。要向前绕4次，再向后绕4次。

2 **转头：**挺直膝盖，向天花板拉伸头部直至头顶。转头看向右肩上方，然后看向左肩上方。换左右两边重复4次（一次包括左右两侧的动作）。

颈部伸长

肩膀打开

3 **臀部绕圈与手腕绕圈：** 两脚平行站立，与臀部同宽。轻柔地弯曲膝盖，上身静止，手臂伸直，臀部和手腕做绕圈，左右两边各4次。

4 **侧伸：** 保持膝盖弯曲，右手放在髋关节上，左臂在耳边伸直，髋臼向外摆，上身弯向右侧，使左侧身体向外伸展。慢慢回到原点，换另一边重复一次。

手臂伸长 ———

收腹

膝盖放松 ———

>> 有氧运动 萨尔萨舞 1

5 **萨尔萨舞 1：**双手放在髋关节上，两脚并拢。右脚向前迈出一小步，右臀向体侧轻摆，然后将右脚收回身体下方。换左脚向前迈出一小步，将动作重复一遍，然后收回左脚。

6 然后右脚向后迈一小步，右臀再次摆向右侧。将右脚收回身体下方，换左脚向后迈步，将动作重复一遍。然后将步骤5、6再重复一遍。

膝盖与脚尖同在一条直线上

7 **交叉前进 1**：双手放在髋关节上，左脚交叉放到右脚前，右肩微向前摆，左臀向外摆。

8 右脚交叉放到左脚前，同时左肩微向前摆，右臀向外摆。收回右脚。继续运动肩膀和脚，将步骤 7、8 重复 4 次。

肩膀向前摆

腿越过身体中线

>> 有氧运动 曼波 1

9 **曼波 1：**双手放在髋关节上，左脚向前迈出，交叉到右脚前面，左腿伸直，两脚脚尖踮起，提起右脚，很快放下。

10 然后左脚向后迈出，让左臀再次摆向左侧。左脚再次向前迈出，然后将左脚收回身体下方，换右脚向前迈出，将动作重复一遍。然后将步骤5、6再重复一遍。

—— 踮起脚尖

11 两侧跨步 1：双手放在髋关节上，右脚向体侧迈出，左脚向右脚并拢，然后右脚再次向体侧迈出，左脚再次向右脚并拢，这一次要用左脚的脚尖触碰右脚边上的地面。

迈出右脚的同 —— 时提起左臀

12 左脚向左侧迈出，将动作重复一遍。臀部提起，并随脚的运动落下。将步骤 11、12 重复 4 次。

脚尖触碰 —— 地面

>> 有氧运动 侧弓步 1

13 **侧弓步 1：** 双手放在髋关节上站立，两脚并拢。右腿向体侧迈出，踮起脚尖同时右肩向前。左脚脚跟提离地面，然后放下。

14 右脚收回到身体下方，换另一边重复一遍。将步骤 13、14 重复 4 次。

胯部保持水平 ————

15 萨尔萨舞2：将萨尔萨舞1（步骤5，插图，步骤6）重复2次，然后向侧面慢慢举起手臂，做手腕绕圈运动，同时左腿、右腿向前向后迈出。手腕要举过头顶，然后将双臂向前放回体侧，同时将两条腿收回身体下方。重复一遍。

16 交叉前进2：将交叉前进1（步骤7，插图，步骤8）重复4次，然后加入手臂的动作，将交叉前进那条腿另一侧的手提到肚脐前，做手腕绕圈，换另一只腿交叉前进，另一只手腕在肚脐前绕圈。将这个动作重复4次。

肩膀
下沉 ——

手腕做小幅度
绕圈

>> **有氧运动 曼波 2 / 两侧跨步 2**

17 曼波 2：将曼波 1（步骤 9，插图，步骤 10）重复 2 次，然后在左腿向前迈出的同时，将右臂在头周围绕一圈。接着左腿向后迈出，右臂环绕向下。左腿再向前，右臂向前伸。然后收回左腿，左右脚在原点快速踏三步，同时将双臂收回髋关节边上。换另一边重复一遍，然后将整套动作重复 1 次。

18 两侧跨步 2：将两侧跨步 1（步骤 11，插图，步骤 12）重复 4 次，然后将双臂放下。下一次重复时，右脚向体侧迈出，左脚向右脚并拢时，用右臂掠过身体在头上绕一圈。换另一边重复一遍，将此动作重复 4 次。

手的动作要柔软

收腹

19

侧弓步2：将侧弓步1（步骤13，插图，步骤14）重复4次，然后放下双臂。重复侧弓步，踮起右脚脚尖的同时，将右臂提起，使肘部与地面平行，手在左脸颊旁做一个小幅度的绕圈。放下手臂，收回迈出的脚。换另一边重复一遍，将整套动作重复4次。

20

萨尔萨舞3：将萨尔萨舞2（步骤15，插图）重复2次，在重复第3次，将右腿向前迈出时，将左臂在左耳边弯曲，手腕做绕圈。将右腿收回到身体下方，放下手臂，两脚低低跳起。运动左脚和右臂，重复一遍。将整套动作重复1次。

用手臂框住脸 ——

—— 摆动臀部

21

交叉前进 3： 将交叉前进 2（步骤 16，插图）重复 4 次。重复第 5 次，在将左腿向前迈出并将右手在肚脐处绕圈后，将左腿收回身体下方，两脚低低跳起。换另一边重复一遍。将整套动作重复 4 次。

脚尖点地

22

曼波 3： 将曼波 2（步骤 17，插图）重复 2 次。重复第 3 次时，将快速迈三步换成两脚低低跳起。将这个动作重复 2 次。

肩膀下沉

23

两侧跨步3：将两侧跨步2（步骤18，插图）重复4次，重复第5次时，向侧面迈出右脚，弯曲膝盖，提起左脚，两脚向侧面跃步。然后左脚收向右脚，同时用右臂在头上绕一圈，以优美的弧线放下。接下来换左脚向侧面迈出，将动作重复一遍。将整套动作重复4次。

24

侧弓步3：将侧弓步2（步骤19，插图）重复4次，然后弯曲双膝，两脚低低跳起。两脚落地后右腿迈向侧面，右臂穿过身体前方，手腕在左脸颊旁做小幅度绕圈。再次跳起的时候放下手臂，然后换左腿迈向侧面，将动作重复一遍。将整套动作重复8次。

现在将阶段3的动作（含有跳跃运动的动作）重复一遍，然后再逆序重复一遍，这样你就到达了有氧呼吸曲线的顶峰。最后，逆序将整个有氧运动重复一遍（从步骤24做到步骤5），将所有动作的重复次数减半，使心率慢慢回落到静息心率。

膝盖处于脚尖的上方

伸长背部

25 **腹部：**双手在头后交叉，背部着地，膝盖弯曲，脚并拢。伸出右腿，并拢膝盖，吸气并做好准备。呼气的同时，用腹肌和手臂的力量将头部向上抬离地面（小图），重复8次。然后吸气，为下一个动作做好准备，呼气时扭转上半身，将右膝弯向胸部，左肘移向右膝，重复8次，然后换成伸出左腿，将刚才的动作重复8次。

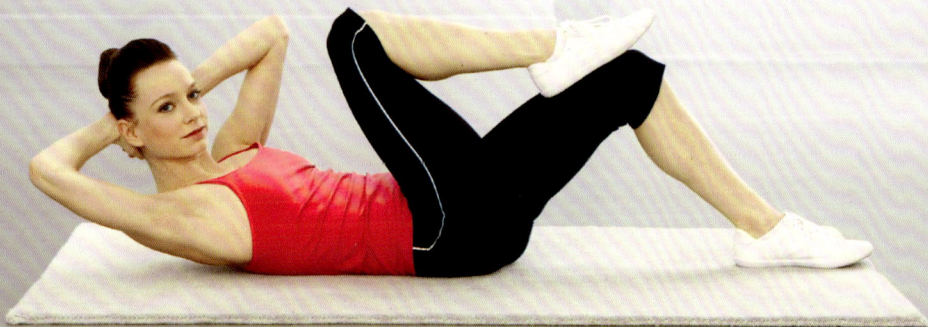

26 **腿腱：**背部着地，双臂置于体侧，膝盖弯曲，与臀部同宽。向天花板的方向伸直右腿，并用双手舒适地握住。深呼吸，慢慢将右腿移向胸部，感到腿的背面被轻柔地拉伸。换另一边重复一遍。

肩膀下沉

萨尔萨舞健身 >>

萨尔萨舞健身一览图

1

▲**热身运动**，肩膀绕圈，第20页

2

▲**热身运动**，转头，第20页

3

▲**热身运动**，臀部绕圈与手腕绕圈，第21页

4

▲**热身运动**，侧伸，第21页

17

▲**有氧运动**，曼波2，第28页

18

▲**有氧运动**，两侧跨步2，第28页

19

▲**有氧运动**，侧弓步2，第29页

5

6

7

8

▲ 有氧运动，萨尔萨舞1，第22页

▲ 有氧运动，萨尔萨舞1，第22页

▲ 有氧运动，交叉前进1，第23页

▲ 有氧运动，交叉前进1，第23页

20

21

22

▲ 有氧运动，萨尔萨舞3，第29页

▲ 有氧运动，交叉前进3，第30页

▲ 有氧运动，曼波3，第30页

27 **俯卧撑：** 双膝着地，双手在肩膀下方撑地。膝盖向下压，使肩膀、臀部和膝盖同在一条直线上（小图）。将双肘向下弯曲，触到肋骨两侧的同时吸气，伸直双臂时呼气。重复8次，身体要保持在一条直线上。

下背部伸长

28 **拉伸胯部：** 右腿向前迈出，置于两手中间，左膝置于身后。胯部轻轻压向右脚的脚跟。如果可以，就将两只手放在右膝上。拉伸胯部并呼吸，同时3伸长背部。换另一边重复一遍。

膝盖与脚同在一条直线上

9

10

11

12

有氧训练，曼波1，第24页　　　▲有氧训练，曼波1，第24页　　　▲有氧训练，两侧跨步1，第25页　　　▲有氧训练，两侧跨步1，第25页

23

24

25

有氧运动，两侧跨步3，第31页　　　▲有氧运动，侧弓步3，第31页

▲整理运动和伸展运动，腹部，第32页

26

▲整理运动和伸展运动

>> 常见问题解答

萨尔萨舞健身将运动的乐趣、萨尔萨舞的娇媚和很好的有氧耐力训练结合在一起。下面是一些额外的提示和指南，不仅能帮你理解动作背后的力学原理，还能使你了解做每个动作的原因。

>> 为什么要热身？

热身运动能放松关节，释放能量，产生热量。肌肉和关节热了，就能更高效有力地活动。而肌肉和关节保持柔软、温暖，还能降低受伤的几率，使身体为更剧烈的运动做好准备。

>> 做萨尔萨舞1、2、3时，我该迈多宽的步子？

要记住，萨尔萨舞原本是双人舞，如果迈的步子太大，就会踩到舞伴的脚。所以，练习时要当自己是在萨尔萨舞俱乐部，跳萨尔萨舞时要小步迈向前后，做两侧跨步时则小步迈向侧面。

每次我将手臂在头上绕圈时，都感觉不到美感。

用手臂在头上绕圈然后放下，不能感觉像赶苍蝇。做手臂动作时，要注意手臂和身体之间的空间，不触到皮肤会使动作更有表现力、更动人。一个很好的练习办法是站在镜子前面，用双手抚过身体，手要离身体约2.5厘米（1英寸）。你能看到手臂顺着身体的轮廓在移动吗？这就是你在曼波和两侧跨步中要做的。

13

▲ **有氧训练**，侧弓步1，第26页

14

▲ **有氧训练**，侧弓步1，第26页

15

▲ **有氧训练**，萨尔萨舞2，第27页

16

▲ **有氧训练**，交叉前进2，第27页

27

▲ **整理运动和伸展运动**，俯卧撑，第33页

，腿腱，第32页

28

▲ **整理运动和伸展运动**，拉伸胯部，第33页

15 分钟 **总结**

>> 我发现两侧跨步中的臀部动作很难。

一个有用的办法是想象你正站在两面墙中间，整个身体只能横向移动，无法向前或向后。从脚开始，向侧面移动，然后并拢双脚，再向侧面移动然后并拢双脚。向侧面迈出一只脚的同时，将另一侧的臀部微微提起。并拢双脚时，换一侧臀部提起。一开始你可能会觉得别扭，但练习得越多，你就能做得越好。

>> 能解释一下侧弓步中手腕的小幅度绕圈吗?

萨尔萨舞本质上很微妙。你要尽可能地放松手部，想象手腕正朝内画一个小幅度的、优美的圆圈。一旦你掌握了手腕的动作，你就能在身体边的任何地方做这个优雅的微妙动作了。

>> 有氧运动与整理运动、伸展运动有何区别?

有氧运动能加强心肺功能，整理运动能强健肌肉，伸展运动则可以拉伸肌肉。要获得全面的健康，每种运动的量就得均衡。努力做一种运动而忽视其他运动，会出问题。比如集中精力强健肌肉却从不拉伸肌肉，肌肉就会又短又结实，从而限制你身体的运动范围。

>> 做曼波时将重心转移到脚尖的动作实在太难了。我该怎么做?

走路的时候，我们从来不用想着要把身体的重心从一只脚移到另一只脚，同样，做曼波动作比你想象的简单多了。重心只要转移到能将另一只脚提离地面并放下就可以了，并不需要真的将重心从身体下方的脚上移开。

手臂柔软，脚步优雅，
平衡，高雅——芭蕾
之美。

芭蕾舞
健身 >>

>> 热身运动 腾跃 / 手的运行

1 **腾跃：** 脚尖分开，脚跟靠拢。手臂在身体两侧放松，两只手的指尖轻柔地相向弯曲。两只脚跟提离地面，然后弯曲右膝，左脚脚跟着地，再弯曲左膝，右脚脚跟着地。将此动作重复4次。

2 **手的运行：** 上个动作重复到第五遍时，将手臂向前举过头顶，然后举向侧面，最后放下。逆序将手臂动作重复一遍，先举向侧面，然后举过头顶，再向前，最后放下。

手臂放松，略弯 ——

脚跟提起 ——

3 **下蹲 2**：两脚打开，略比肩部宽，从髋臼开始，脚尖朝外。慢慢举起双臂，与肩同高，掌心朝前，手指伸长（小图）。在脚尖上方弯曲膝盖，同时双臂向下摆，然后在身体前方交叉双腕。伸直双腿的同时，双臂再向上摆回到肩膀的高度。将此动作重复4次。

4 **侧弓步**：弯曲右膝，同时伸直左腿，胯部朝前。左侧身体向外拉伸的同时将左臂在头顶伸长，然后伸直右膝并将双臂收回体侧。重复步骤3，然后换另一侧重复步骤4。

肩膀、臀部和脚构成一条长直线

膝盖处于脚尖上方

5 弯曲腿腱 1：两手放在髋关节上，右脚独立，提起左脚，左膝向后弯曲。肚脐压向脊椎，使背部伸长。伸直右脚，同时将左脚放回地面，两脚分开站立，与臀部同宽，膝盖放松。

6 换另一边重复一遍，然后将步骤 5 和步骤 6 重复 8 次。这样可以热身，活动关节。

收腹，背部伸长 —————

7 **前后动作 1**：手臂在身体两侧放松，右脚起步向前走。向前三步后，将左脚靠到右脚边。

8 然后往后走三步，将右脚靠到左脚边。肩膀打开，头伸向天花板。将步骤 7、步骤 8 重复 4 次。

手臂放松

脚要平行

9 **姿态 1：**两手放在髋关节上，右脚独立。弯曲左腿，将膝盖提起，与臀部同高。收腹。肩膀和胯部朝前。

10 左脚放回地面，两脚分开站立，与臀部同宽，膝盖放松，然后将右膝提起到臀部的高度。将步骤 9 和步骤 10 重复 8 次。

臀部要平 ——

11 **大吸腿 1：**两脚脚尖从髋臼开始朝外，双臂在身体两侧放松，肘部弯曲，指尖轻柔地相向弯曲。右脚独立，同时弯曲左膝，以左脚脚尖触碰右膝。左腿略微向外，使臀部、膝盖和脚同在一条直线上。

12 左脚放回地面，两脚分开站立，与肩膀同宽。换右脚提离地面，重复一遍。将步骤 11、步骤 12 重复 8 次。

——脚尖触碰膝盖

膝盖与脚尖同在一条直线上

>> 有氧运动 脚尖点地 1

13 **脚尖点地 1:** 两脚脚尖从髋臼开始朝外，双臂放松，指尖弯曲。右脚踏地，同时踮起左脚，脚尖轻轻点地。

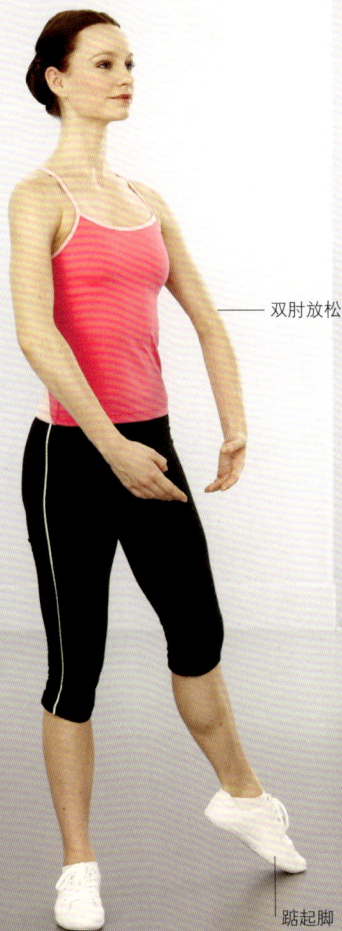

— 双肘放松

踮起脚

14 弯曲膝盖，同时将重心移向左脚，然后伸直双腿，右脚脚尖点地。将步骤 13 和步骤 14 重复 8 次。从始至终都要确保两脚和膝盖适当挺直。

15

弯曲腿腱 2： 将弯曲腿腱 1（步骤 5，插图，步骤 6）重复 8 次，然后弯曲双膝，右脚独立，双臂扬起。左膝向后弯曲的同时，将左臂摆向左侧，右臂摆到身体前方。换另一边重复一遍，然后将整套动作再重复 8 次。

肘部放松并提起 ——

—— 手指伸直

16

前后动作 2： 将前后动作 1（步骤 7，插图，步骤 8）重复 4 次，在重复第 5 次，向前迈三步时，双臂朝前交叉绕过头顶，然后向后在身体两侧放下。左脚靠到右脚边上的同时，将两只手腕在身体前方交叉。最后向后迈三步，双臂向后，在身体两侧举起开始，倒着做手臂的动作。将整套动作重复 4 次。

手臂伸长 ——

—— 膝盖和脚尖同在一条直线上

>> 有氧运动 姿态 2 / 大吸腿 2

17 姿态 2：将姿态 1（步骤 9，插图，步骤 10）重复 8 次，然后用右脚独立。双臂提起，手指放松，左膝弯曲，与臀部同高。将右侧的肘部扭向左膝，左臂优雅地摆向左后方，换另一边重复一遍，然后将整套动作重复 8 次。

18 大吸腿 2：将大吸腿 1（步骤 11，插图，步骤 12）重复 8 次，然后弯曲右膝，将重心移到右腿上，双臂在体侧放松。用左脚触碰右膝的同时，伸直右腿，右臂摆向右侧，左臂向前摆。重复一遍，将整套动作重复 8 次。

前臂与地面平行

肩膀下沉

手臂与胸部同高

19 脚尖点地 2：将脚尖点地 1(步骤 13，插图，步骤 14) 重复 8 次，然后将上身向右扭，同时右脚踏地。踮起左脚，脚尖点地，双臂轻柔地摆向右侧。换另一边重复一遍，然后将整套动作重复 8 次。

20 弯曲腿腱 3：将弯曲腿腱 2 （步骤 15，插图) 重复 8 次，弯曲双膝，将双臂扬起。弯曲左腿时，将左臂向前摆，右臂向右侧摆，右腿轻柔地跳起。

双臂随上身而动

脚往上抬

两脚着地，与臀部同宽，同时双臂朝下摆。换另一边重复一遍，将整套动作重复 8 次。

>> 有氧运动 前后动作 3 / 姿态 3

21

前后动作 3： 将前后动作 2（步骤 16，插图）重复 4 次，然后用右脚、左脚、右脚向前迈 3 步。左脚踏地，右脚向侧面迈出，双臂向身体两侧平举，左腿交叉到右腿后面，左臂弯向头顶，同时右臂向下绕到左胯部边上。然后左脚向侧面迈出，双臂平举，换右腿交叉到左腿后面，将动作重复一遍。向后迈三步，然后将整个动作重复一遍。

—— 收腹

22

姿态 3： 将姿态 2（步骤 17，插图）重复 8 次，右脚跳起，同时弯曲左膝至与臀部同高。将右侧肘部扭向左膝，左臂摆向左后方。右脚跳起，两脚着地，双臂举过头顶。换另一边重复一遍，将整套动作重复 8 次。

—— 手臂放松

23 **大吸腿 3:** 将大吸腿 2（步骤 18, 插图）重复 8 次，然后右脚跳起，用左脚触碰右膝，左臂摆到胸前，右臂摆向右侧，两脚跳起，与臀部同宽。换另一边重复一遍，将整套动作重复 8 次。

24 **两侧跃步:** 将脚尖点地 2（步骤 19, 插图）重复 8 次，然后以右脚踏地，弯曲双膝，左右脚交替向右侧跃步，然后将上身和双臂转向右边。换另一边重复一遍，将整套动作重复 4 次。

现在将阶段 3 的所有动作重复一遍，然后逆序再重复一遍，这样你就到达了有氧呼吸曲线的顶峰。最后，逆序将整个有氧运动重复一遍（从步骤 24 做到步骤 5），将所有动作的重复次数减半，使心率慢慢回落到静息心率。

整个脚掌着地

脚跟靠拢

25 **腹部：** 双手的手指在头后交叉，背部着地。双膝弯向胸部，双腿弯成90°角。吸气，呼气的同时肚脐压向脊椎，慢慢抬头（小图）。吸气，使头部放松下来，重复8次。下一次，呼气时要扭转上身，将左侧的肘部扭向右膝，同时伸直左腿。吸气，放松头部，将腿收回原状，然后换另一边重复一遍，将此动作重复4次。

26 **脊椎：** 头部在地上放松，然后朝胸部的方向抱住双膝，下背部和髋臼向外拉伸。然后将弯曲的双膝摆向右侧，同时向身体两侧打开双臂，转头向左看。在拉伸动作中放松下来，然后回到原点，换另一边重复一边。

双膝并拢

芭蕾舞健身运动 >>

芭蕾舞健身一览图

1

▲ **热身运动**，
腾跃，第44页

2

▲ **热身运动**，手的运行，
第44页

3

▲ **热身运动**，下蹲2，第45页

4

▲ **热身运动**，侧弓步，第45页

17

▲ **有氧运动**，姿态2，第52页

18

▲ **有氧运动**，大吸腿2，第52页

19

▲ **有氧运动**，脚尖点地2，第53页

5

▲有氧运动，弯曲腿腱1，第46页

6

▲有氧运动，弯曲腿腱1，第46页

7

▲有氧运动，前后动作1，第47页

8

▲有氧运动，前后动作1，第4...

20

▲有氧运动，弯曲腿腱3，第53页

21

▲有氧运动，前后动作3，第54页

22

▲有氧运动，姿态3，第54页

27

腿腱: 背部着地,双臂置于体侧,两脚着地,双膝弯曲,与臀部同宽。向天花板伸直右腿,并用双手舒适地握住。深呼吸,慢慢将右腿移向胸部,感到腿的背面被轻柔地拉伸。换另一边重复一遍。

28

侧弯: 盘腿直坐。左臂伸向天花板,右臂朝下放在体侧,掌心朝下。慢慢弯向右侧,左侧身体向外伸展。回到原点,换另一边重复一遍。

—— 伸展一侧身体

13

▲有氧训练，脚尖点地1，第50页

14

▲有氧训练，脚尖点地1，第50页

15

▲有氧训练，弯曲腿腱2，第51页

16

▲有氧训练，前后动作2，第51页

27

▲整理运动和伸展运动，腿腱，第57页

手椎，第56页

28

▲整理运动和伸展运动，侧弯，第57页

15 分钟 总结

>> **常见**问题解答

芭蕾舞健身结合了芭蕾的优雅、美丽和有氧运动对心血管耐力的作用。这组运动能使你学会芭蕾舞手臂动作的平衡与优雅，同时力量训练和耐力训练还有助于提高协调能力，形成肌肉，使心血管保持健康，并提高耐力及身体的柔韧性。

>> 我从未学过芭蕾。要怎样才能使手臂看起来优雅呢?

塑造美丽的芭蕾舞式手臂，关键在于直至指尖的伸展动作。运动的时候要想着在空间中伸展。假装你的手臂比实际的要长 1 米（3 英尺），每次移动时你都在努力粉刷墙壁、屋顶和地板。肘部要时刻保持放松和提起，肩膀要下沉。

>> 做大吸腿 1、2、3 时，我的腿要怎样向外翻？

大多数舞者花很多年时间练习向外的动作，但往往过于用力，从而对膝盖产生可怕的后果。要从髋臼向外翻腿，而不通过其他方式，就要尽量让双腿以舒服的姿势从胯部向外翻。最重要的不是翻腿的次数，而是臀部、膝盖和脚都均匀地朝同一个方向向外翻。

>> 为什么双膝和脚尖面向同一个方向很重要?

跳芭蕾舞时，从臀部到膝盖到脚的外翻特别重要。这不仅仅出于审美的考虑，在你的运动强度范围内保持身体挺直，能保护你的关节不被磨损和撕扯。如果膝盖向内卷，你就会造成膝关节内侧不必要的劳损。相反，如果脚尖向内卷、膝盖向外卷，你就会造成膝关节外侧的劳损。

9

▲ **有氧训练**，姿态1，第48页

10

▲ **有氧训练**，姿态1，第48页

11

▲ **有氧训练**，大吸腿1，第49页

12

▲ **有氧训练**，大吸腿1，第49页

23

▲ **有氧运动**，大吸腿3，第55页

24

▲ **有氧运动**，两侧跃步，第55页

25

▲ **整理运动和伸展运动**，腹部，第56页

26

▲ **整理运动和伸展运动**，

>> 脚尖点地 1、2，两侧跃步对身体有什么用？

脚尖点地 1 能活动腿部和脚部的关节，并通过重心的转移使身体热起来；做脚尖点地 2 时，脊椎开始放松，通过保持臀部静止和扭动，胸部，或者说背部上方的椎骨能得到拉伸和转动；两侧跃步增加的一个侧跳则可以提高心率。

>> 每次做完弯曲腿腱 3 的跳跃动作，脚跟是否要着地？

是的，当然要。每次跳跃结束后，你都应该用整只脚落地，否则会给小腿肌肉造成太大的压力。此外，要防止受伤，每次跳跃时就要卷起整只脚。

>> 我的腹肌真的很弱，我该怎么办？

腹肌很重要，因为它有助于支撑脊椎和内部器官。因此，每天早上都要尽量将双手交叉在脑后做一些仰卧起坐。第 80 页的步骤 25 提供了一个很好的范例。哪怕只做 10 个简单的仰卧起坐也能帮助你强化腹部的肌肉，并在一天剩下的时间里很好地支撑你的脊椎和背。

>> 我不确定前后动作 3 中脚的动作是怎样的，你能解释一下弓步要怎么做吗？

这个动作很有挑战性，因为当你向前走，转向一侧时，脚要由平行的姿势变过来。身体的重心要放在前腿，同时另一只脚向后压并做手臂环绕动作。除此之外，无论两脚平行还是向外转，都要确保膝盖处于脚尖的上方。

爵士舞
健身 >>

打起响指，扭动
肩膀，以你的方
式舞出好身材。

1 **屈膝绕肩:** 两脚平行站立, 与臀部同宽。膝盖弯曲。伸直膝盖的同时, 右肩向前绕圈。再次弯曲膝盖, 换左肩重复一遍, 将整套动作重复4次, 然后将肩膀向后绕圈重复4次。

2 **扭转上身:** 两脚分开站立, 与臀部同宽, 膝盖弯曲。伸直膝盖的同时, 上身扭向右侧, 臀部水平。再次弯曲膝盖, 肩膀回到中间, 换另一边重复一遍。将整套动作重复8次。

双肩分开 ———

上身扭转时臀部
静止不动 ———

3 **臀部侧摆：** 手臂在体侧放松，轻柔地弯下膝盖。右侧臀部直直摆向右侧，左侧臀部沉向地面。然后使臀部回到中间，换另一边重复一遍。将整套动作重复 8 次。

4 **转头：** 伸直膝盖，头向天花板伸长。看向右肩上方，然后使头部回到中间，再看向左肩上方。将此动作重复 4 次。

肩膀打开 ——

臀部侧摆，不向前也不向后

>> 有氧运动 换脚 1

5 **换脚 1**：两脚并拢，双手放在髋关节上。左腿直直交叉到右腿后面，左肩微微朝前。重心转移到左脚，以使右脚提起然后放下。

6 左腿放回中间，换另一边重复一遍。肚脐收向脊椎，背部伸长。将步骤 5 和步骤 6 重复 4 次。

重心放在前腿 ——

7 交叉点地 1：双手仍然放在髋关节上，左脚交叉到右脚前面。

8 右脚向另一侧伸出，脚尖点地，右肩微微向前。换另一边将步骤7和步骤8重复一遍，然后再做一次向前的动作（包括左肩和右肩）。接着做两次向后的动作，然后再做2次向前的和2次向后的，整套动作总共做8次。

脚移动时臀部静止不动

9 **拳击跨步 1：**双手放在髋关节上，两脚并拢。右脚向前迈出，身体微微转向右侧。

10 然后左脚向前迈出，身体微微转向左侧。接下来，右脚迈回起始位置，左脚迈回到右脚旁边，完成拳击跨步。将步骤 9 和步骤 10 重复 8 次，熟练后尽量在迈脚的同时，使另一侧的肩膀向前扭。

两脚平行

11 **交叉跨步 1：** 手臂在体侧放松，右脚向侧面迈一小步。提起左脚，交叉到右脚后面。

12 右脚再向侧面迈一小步，左脚脚跟提起，脚尖蹬地，同时右手手指向下在臀部旁边打响指。换左脚重复一遍。将步骤 11 和步骤 12 重复 4 次。

膝盖与脚尖同在一条直线上

始终向后交叉

13

脚尖点地 1：双手放在髋关节上，两脚并拢。右脚脚尖伸到右侧点地，然后收回。

14

左脚脚尖伸到左侧点地，右肩向后转的同时尽量使左肩朝前。将步骤13和步骤14重复8次。

脚尖点地

15 换脚 2：

将换脚 1（步骤5，插图，步骤6）重复4次，然后将左臂举向天花板，右臂向侧面伸出，同时左脚向后交叉，脚跟提起。迅速提起右脚并放下，然后将左脚收回右脚边，同时双臂放下并放松。

手臂伸直

换另一边重复一遍，将整套动作重复4次。

16 交叉点地 2：

将交叉点地 1（步骤7，插图，步骤8）重复8次，然后将左脚交叉到右脚前，右脚脚尖向右侧点地，重心伸长，以使左脚提离地面，然后提起右膝，穿过身体前方，用左手扶住提起的膝盖。将右脚交叉到左脚前重复一遍，将整套动作重复4次。

脚尖触到膝盖

>> 有氧运动 拳击跨步 2 / 交叉跨步 2

17 **拳击跨步 2：**将拳击跨步 1（步骤 9，插图，步骤 10）重复 8 次，然后右脚向前侧方迈出的同时，手腕弯曲，掌心朝外，左肩和左臂扭向前。然后换左脚向前侧方迈出，同时右肩和右臂向前，接着右脚向后跨步，然后左脚向后跨步。将此动作重复 8 次。

18 **交叉跨步 2：**将交叉跨步 1（步骤 11，插图，步骤 12）重复 4 次，然后右脚向侧面迈出，左脚向后交叉，右脚再向侧面迈出。提起左脚脚跟，同时右手举向天花板打响指。换另一边重复一遍，将整套动作重复 4 次。

手平直

前脚掌用力压地

19

脚尖点地2：将脚尖点地1（步骤13，插图，步骤14）重复8次，然后右脚脚尖向右侧伸出并点地，右肩向前，双手向下对着地板打响指。右脚收回中间，摆好肩膀，准备换另一边重复一遍，将整套动作重复8次。

突出肩膀

20

换脚3：将换脚2（步骤15，插图）重复4次，然后左脚向后交叉，左臂举向屋顶，右臂直直地向右侧伸出，提起右脚然后放下。左脚收回身体下方，双臂放回体侧，原地跳起，然后换另一边重复一遍。将整套动作重复4次。

双腿并拢

脚尖指向地面

21 交叉点地 3：将交叉点地 2（步骤 16，插图）重复 4 次，然后将左脚交叉到右脚前方，双臂直直向外伸，与肩膀同高，然后迅速提起左脚再放下。左脚跳起，同时弯曲右膝，并用左手扶住。将右脚交叉到左脚前方，重复一遍。将整套动作重复 4 次。

双臂用力

22 拳击跨步 3：将拳击跨步 2（步骤 17，插图）重复 8 次，然后右脚向前迈出，左肩朝前，手腕弯曲。接着左脚向前迈出，右肩朝前，手腕弯曲。迅速从起始位置朝后做两个小跳，同时双手往外推。将此动作重复 8 次。

脚尖指向地面

23 交叉跨步 3：将交叉跨步 2（步骤 18，插图）重复 4 次，然后右脚向右侧跨步，左腿在右腿后交叉，右脚再向右侧跨步。将两个脚跟提离地面，双臂向天花板高高举起。以脚尖支撑身体，同时弯曲双膝，双臂朝地面放下。换另一边重复一遍，将整套动作重复 4 次。

腹部收紧以保持平衡

24 脚尖点地 3：将脚尖点地 2（步骤 19，插图）重复 8 次，然后两脚并拢，手臂放回体侧，弯曲右侧肘部，两脚跳起，身体扭向左侧，两脚着地，同时伸直右臂并打响指。两脚并拢，双臂放回体侧，换另一边重复一遍。将整套动作重复 8 次。

现在将阶段 3 的所有动作重复一遍，然后逆序再重复一遍，这样你就到达了有氧呼吸曲线的顶峰。最后，逆序将整个有氧运动重复一遍（从步骤 24 做到步骤 5），将所有动作的重复次数减半，使心率慢慢回落到静息心率。

25 **腹部：** 背部着地，双手的手指在头后交叉，双膝弯曲，两脚分开，与臀部同宽。吸气，做好准备。呼气的同时，用腹肌的力量将头部抬离地面。2拍抬起，2拍放下。重复4次。再重复8次，这次要加快，1拍抬起，2拍放下。用腹肌和手臂的力量，使头部始终抬离垫子。

26 **股四头肌：** 向右侧躺于地，双膝在身体前弯成直角，右臂向外伸直。头在右臂上放松，同时左手放到左脚上。使左大腿与地面平行，将左脚向后轻拉。伸直背部，同时拉伸大腿前侧。

膝盖与臀部同在一条直线上

爵士舞健身

爵士舞健身一览图

1

▲**热身运动**，屈膝绕肩，第68页

2

▲**热身运动**，扭转上身，第68页

3

▲**热身运动**，臀部侧摆，第69页

4

▲**热身运动**，转头，第69页

17

▲**有氧运动**，拳击跨步2，第76页

18

▲**有氧运动**，交叉跨步2，第76页

19

▲**有氧运动**，脚尖点地2，第77页

5

▲有氧运动，换脚1，第70页

6

▲有氧运动，换脚1，第70页

7

▲有氧运动，交叉点地1，第71页

8

▲有氧运动，交叉点地1，第7

20

▲有氧运动，换脚3，第77页

21

▲有氧运动，交叉点地3，第78页

22

▲有氧运动，拳击跨步3，第78页

27 **脊椎:** 将左腿放回到右腿上,双臂合在身体前,然后左臂经过头部向外打开,尽量并拢膝盖,使臀部水平。然后将头转向左手的方向并放松,双臂朝相反的方向向外拉伸。接着换另一边重复步骤26和步骤27。

28 **腿腱:** 背部着地,双臂放在体侧,双膝弯曲,两脚平放在地上,与臀部同宽。向天花板伸直右腿,并用双手舒适地握住。深呼吸,慢慢将右腿移向胸部,感到腿的背面被轻柔地拉伸。换另一边重复一遍。

拉伸大腿背面

13

14

15

16

▲**有氧运动**，脚尖点地1，第74页

▲**有氧运动**，脚尖点地1，第74页

▲**有氧运动**，换脚2，第75页

▲**有氧运动**，交叉点地2，第75页

27

▲**整理运动和伸展运动**，脊椎，第81页

28

段四头肌，第80页

▲**整理运动和伸展运动**，腿腱，第81页

15 分钟 **总结**

>> 常见问题解答

只要做好双手、肩膀和臀部的动作，爵士舞健身就可以强化心肺功能。这些动作要求比较高，因此要保持对这个运动的兴趣和热情。你可以试着将自己想象成表演时的丽莎·明妮莉（美国人，出色的歌手和演员。——编者注）。如果你还是觉得自己不很"爵士"，看看下面这些很棒的指导吧。

>> 交叉跨步有什么用？

这是协调性练习。因为要移动双脚、双臂和肩膀，同时还要打响指，因此能迫使你学会同时完成多项任务，这对大脑是很好的锻炼。并且，这些动作增加了跨步的深度。此外，交叉跨步还能提高心率，热身。做动作时，要最大限度地从一侧跨到另一侧，这能强化双腿、心脏和肺的功能。

>> 做交叉点地1时，我很难跟上音乐。有什么技巧吗？

有，那就是练习、练习、再练习！先按动作的要求慢慢练习，然后努力跟上节拍练习几次。等你准备好了，再跟着音乐运动。只要你将动作的步骤这样分解开来练习，任何时候你都能学会跟着音乐的节奏舞蹈。

>> 我能做这些运动，但做不了所有的跳跃动作。这正常吗？我是否应该为此而担忧？

没关系。每个人的起点都不一样，一些人有舞蹈经验，一些人是跑步运动员但没受过舞蹈训练，另一些人可能是第一次锻炼身体。学新东西时，重要的不是自我判断，而要从拥有开放的心态、学习的意愿和想要获得乐趣的渴望开始学起。

▲**有氧运动**，拳击跨步1，
第72页

▲**有氧运动**，拳击跨步1，第72页

▲**有氧运动**，交叉跨步1，第73页

▲**有氧运动**，交叉跨步1，第73页

▲**整理运动和伸展运动**，
腹部，第80页

▲**有氧运动**，交叉跨步3，第79页

▲**有氧运动**，脚尖点地3，第79页

▲**整理运动和伸展运动**，

>> 换脚 2、3 中的手臂动作好难啊。我可以不把手放在髋关节上吗?

可以。但这样做,你的手臂就会在伸展的时候失去锻炼的好机会。尝试将手臂动作结合到运动中,伴随音乐的节拍将手臂伸直吧! 努力享受运动的乐趣,不要在意动作看起来有多完美。通过练习,你能很快看到身体的协调性有所提高,并且不再害怕进入下一阶段的练习。

>> 我该怎么控制交叉跨步 3 中的向下屈身呢?

首先,设想你身体的所有动作都源自你的中心——腹肌。踮起脚尖,双臂举向屋顶的同时,要收紧腹肌;双臂向地面放下,膝盖弯曲,脚跟离地的同时,也要收紧腹肌以保持平衡。开始时可以微弯双膝,尽量向下屈身。等你有了自信,你就能将膝盖弯得更深了。

>> 我的大腿背面特别硬,有什么改善的办法吗?

有规律的基础拉伸练习能使大腿背面即腿腱更结实。如果可以,尽量在每一天拉伸你的大腿,即使只拉伸几分钟的时间。慢慢拉伸,使肌肉在拉伸中放松下来。只要每天花上几分钟,你很快就会看到效果。

>> 做拳击跨步 2 时,我的手脚无法协调运动。

这个步骤确实既复杂又快,你可以把它分解开来,慢慢练习。首先,试着向前走两步,向后走两步,手朝前、朝后摆,方向与腿相反。等你掌握了这个动作,再加上手臂的动作。然后在向前走时加一个深深的屈膝。最后,等动作变得更自然了,再试着跟上音乐的节奏。

15 分钟

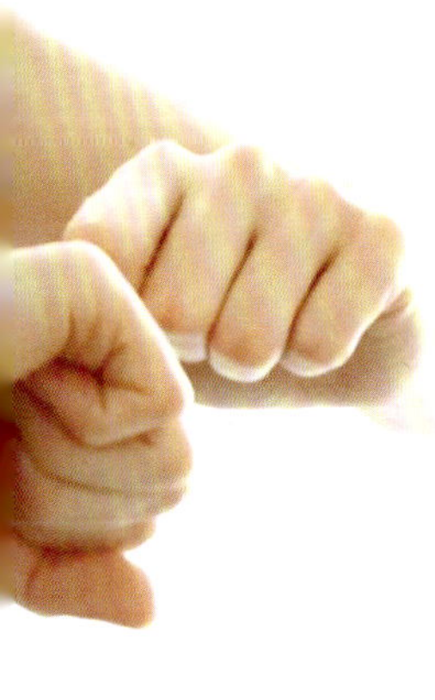

有力、脚踏实地、精
确、时髦，学着充满
诚意地舞蹈吧！

街　舞

健身 **>>**

1 **耸肩：**两脚平行站立，与臀部同宽，双膝弯曲于脚尖上方。然后伸直双腿，右脚伸出并点地，肩膀向耳朵方向耸起。放下右脚，弯曲双膝，准备好换另一边重复一遍。将整套动作重复8次。

2 **肩膀绕圈：**继续弯曲双膝，脚尖点地，现在换肩膀向前绕圈。向前绕8次，向后绕8次。

向耳朵方向
耸肩 ——

每次绕肩时，脚
尖都要点地

3 **侧弯：** 两脚平行站立，与臀部同宽。从头顶开始，朝右侧慢慢弯下身体。左手向上滑到肋部，右手向下滑到膝盖。然后回到原点，换另一边重复一遍。将整套动作重复 2 次。

4 **转头：** 伸直膝盖，向天花板拉伸头部直至头顶。转头看向右肩上方，然后将头转回中间，再看向左肩上方。将此动作重复 4 次。

下巴不要放下 ——

—— 两脚平行

5 **拳击跨步** 1：双手放在髋
关节上，两脚并拢，向右
前方迈出右脚。

6 然后向左前方迈出左脚，右
脚向后收，左脚收回右脚旁
边，结束这个动作。将步骤
5 和步骤 6 重复 8 次。

肩膀扭向与脚
相反的方向

7 **弯曲腿腱 1：**双手放在髋关节上，用右脚独立。将左膝微微弯向身后，左脚向臀部拉伸。肚脐收向脊椎，让背部得以拉伸。

8 左脚放回地面，使双脚与臀部同宽，膝盖放松。换另一边重复一遍。将步骤 7 和步骤 8 重复 8 次。

膝盖与脚尖同在
一条直线上

臀部平稳 ——

>> 有氧运动 交叉跨步 1

9 **交叉跨步 1：**双臂在体侧放松，双手放在髋关节边上，右脚向右侧迈出一小步。

10 左脚交叉到右脚后面，右脚再向右侧迈出一小步。然后提起左脚，用脚尖在右脚边上点地。换左脚向左侧迈出一小步，重复一遍。将步骤 9 和步骤 10 重复 4 次。

始终向后交叉

11

前后动作 1：双臂在体侧放松，右脚起步向前走，走三步后将左脚脚尖在右脚边上点地。

12

然后向后走三步，将右脚脚尖在左脚边上点地。保持肩膀打开，头部向上伸长。将步骤 11 和步骤 12 重复 4 次。

两脚平行

着地时，要先脚跟，然后脚掌心，最后脚尖

双臂放松

13 **脚跟点地 1：** 右脚在身体下方迈出一小步，然后将左脚交叉到右脚前，并用脚跟点地。

14 收回左脚，使两脚与臀部同宽，换另一边重复一遍。将步骤 13 和步骤 14 重复 8 次。

脚要弯曲

15 **拳击跨步 2：**将拳击跨步 1（步骤 5，插图，步骤 6）重复 8 次。向右前方迈出右脚，左肩和左臂向前扭，然后向左前方迈出左脚，右肩和右臂向前转。现在右脚向后收，接着左脚往后收。将此动作重复 8 次。

16 **弯曲腿腱 2：**将弯曲腿腱 1（步骤 7，插图，步骤 8）重复 8 次，然后右脚独立，提起左膝，同时将左侧肘部摆到身体前，右侧肘部摆向侧面，然后换另一边重复一遍，将此动作重复 8 次。

肘部用力

臀部保持水平

双臂形成一个与地面平行的框

17 **交叉跨步 2:** 将交叉跨步 1（步骤 9，插图，步骤 10）重复 4 次。右脚向侧面迈步，左脚向后交叉，右脚再向侧面迈步。现在不用左脚脚尖点地，而是弯曲左脚并用脚跟点地，同时抬起肩膀和臀部，摆向前方。换另一边重复一遍，将整套动作再重复 3 次。

18 **前后动作 2:** 将前后动作 1（步骤 11，插图，步骤 12）重复四次，然后向前慢跑三步，两只脚都要整个提起。再向后慢跑三步，两只脚都要整个提起。慢跑的时候，两脚要指向地面，膝盖保持柔软。最后再重复 3 遍。

脚要整个卷起 ——

19 **脚跟点地2：** 将脚跟点地1（步骤13，插图，步骤14）重复8遍，然后在体侧放松双臂，右脚独立。左脚交叉到右脚前，并用脚跟点地，同时弯曲双肘，肩膀微微向后上方抬起，胯部朝前。双臂收回体侧并放松，左脚收回身体下方。换另一边重复一遍，将整套动作重复8次。

双臂用力

20 **拳击跨步3：** 将拳击跨步2（步骤15，插图）重复8遍，然后右脚向右前方迈出，左肩和左臂向前扭。接下来左脚向左前方迈出，右肩和右臂向前扭。最后，向后做2个小跳，回到起始姿势。将此动作重复8次。

脚尖指向地面

21

弯曲腿腱 3： 将弯曲腿腱 2（步骤 16，插图）重复 8 遍，然后弯曲左腿，左腿轻柔地跳起，同时右臂摆向右侧，左臂摆向身体前方。接着右腿跳起，两脚落回地面，与臀部同宽，同时双臂向下摆。换另一边重复一遍，将整套动作重复8次。

充分地深呼吸

22

交叉跨步 3： 将交叉跨步 2（步骤 17，插图）重复 4 遍，然后右脚向右侧迈步，左脚交叉到右脚后面，右脚再向右侧迈步。两脚低低跳起，左脚收回到右脚旁边。以左脚开始，重复一遍，将整套动作重复 4 次。

跳起时强调手臂的动作

23 前后动作 3：将前后动作 2（步骤 18，插图）重复 4 遍，然后以右脚起步向前慢跑，然后左脚，然后右脚，最后两脚并拢。现在两脚弹向右侧方，左侧肘部转向侧面，右侧肘部转向身体前方。接下来两脚并拢，然后弹向左侧方，右侧肘部转向侧面，左侧肘部转向身体前方。接下来，左脚起步向后慢跑三步，将动作重复一遍。然后将整套动作重复一遍。

24 脚跟点地 3：将脚跟点地 2（步骤 19，插图）重复 8 次，然后提起左膝，双臂向身体中间收起，左腿交叉到右腿前，脚跟点地，同时双肘向两侧撑开。然后左膝向后收并提起，双臂再次向身体中间收起。左脚放回地面，换另一边重复一遍。将整套动作重复 4 次。

现在将阶段 3 的所有动作重复一遍，然后逆序再重复一遍，这样你就到达了有氧呼吸曲线的顶峰。最后，逆序将整个有氧运动重复一遍（从步骤 24 做到步骤 5），将所有动作的重复次数减半，使心率慢慢回落到静息心率。

重心移到身体侧面

25 腹部：背部着地，双手的手指在头后交叉，双膝弯曲，两脚平放于地，与臀部同宽。吸气，做好准备。呼气的同时，用腹肌的力量将头部抬离地面（小图）。2拍抬起，2拍放下，重复8次。然后再次将头部抬到中间，保持这个高度，然后扭向右边，回到中间并放松下来，换另一边重复一遍，将此动作重复8次。

26 俯卧撑：双手、双膝着地。双手的距离超出肩膀的宽度，臀部朝前，使肩膀、臀部和膝盖同在一条直线上（小图）。双肘向外侧弯曲时吸气，伸直双臂时呼气。重复做8遍，身体始终保持在一条直线上。

背部伸长

街舞健身 >>

街舞健身一览图

1

▲**热身运动**，耸肩，第92页

2

▲**热身运动**，肩膀绕圈，第92页

3

▲**热身运动**，侧弯，第93页

4

▲**热身运动**，转头，第93页

17

▲**有氧运动**，交叉跨步2，第100页

18

▲**有氧运动**，前后动作2，第100页

19

▲**有氧运动**，脚跟点地2，第101页

5

▲有氧运动，拳击跨步1，第94页

6

▲有氧运动，拳击跨步1，第94页

7

▲有氧运动，弯曲腿腱1，第95页

8

▲有氧运动，弯曲腿腱1，第

20

▲有氧运动，拳击跨步3，第101页

21

▲有氧运动，弯曲腿腱3，第102页

22

▲有氧运动，交叉跨步3，第102页

27 **臀部:** 坐起来，两腿在身体前直直并拢。将左侧脚踝放到右膝上，双手放到身后，弯曲右腿，使右脚平放于垫子上。将臀部向前推，挺起胸部，使自己感到左侧臀部得到拉伸。放松并呼吸。

28 **大腿:** 双腿向外伸展，然后弯曲左腿，用左脚的鞋底触碰右腿。双手放在右腿上，向前伸长背部，使右腿背面得到拉伸。放松并呼吸，然后换另一边重复步骤27和步骤28。

拉伸大腿背面

15 分钟 **总结**

13

14

15

16

▲有氧运动，脚跟点地1，第98页　　▲有氧运动，脚跟点地1，第98页　　▲有氧运动，拳击跨步2，第99页　　▲有氧运动，弯曲腿腱2，
第99页

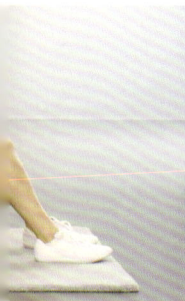

27

▲整理运动和伸展运动，
臀部，第105页

28

▲整理运动和伸展运动，大腿，第105页

9

10

11

12

▲**有氧运动**，交叉跨步1，第96页

▲**有氧运动**，交叉跨步1，第96页

▲**有氧运动**，前后动作1，第97页

▲**有氧运动**，前后动作1，第97页

23

24

25

▲**整理运动和伸展运动**，腹部，第104页

26

▲**有氧运动**，前后动作3，第103页

▲**有氧运动**，脚跟点地3，第103页

▲**整理运动和伸展运动**俯卧撑，第104页

>> 常见问题解答

街舞健身既生气勃勃又时髦。弯曲膝盖，分开运动臀部、肩膀、头和肘部，将每个动作都变成你自己的吧——你可能会想原地加一个而不是两个肩膀动作，或者加一个原本没有的轻快的臀部运动。如果你觉得自己不够时髦，下面的一些技巧肯定会使你精神焕发。

>> 我能完成所有的动作，但我不觉得自己看起来很"街头"，为什么会这样？

通常，我们的运动都源自身体的中心。街舞有一种很接近土地的感觉，所以做这些动作时，要将自己的重心设得更低。要做到这一点，就要想象你身体的重心比正常的更低，使臀部和腿更多地运动起来。

>> 在做交叉跨步 2 时，肩膀和臀部要做些什么？

在这个动作的最后，当你弯曲脚部并用脚跟点地时，要让肩膀向后上方摆动，就像在耸肩一样。同时臀部向前摆，仿佛你将骨盆向身体下方收起一样。

>> 做脚跟点地 3 时，我觉得很不协调，有什么技巧吗？

还是那句话，练习、练习、再练习！脚跟点地 3 是一个很好、很有趣的动作。阅读第 103 页的说明文字，然后认真地过一遍动作，锻炼身体两侧的协调性。然后慢慢巩固，使自己的动作越来越快。学新东西的部分乐趣就在于目标的逐步实现。

>> **我不明白拳击跨步 1、2、3 中肩膀和脚的反方向运动。有什么建议吗?**

首先，分析一下你是如何正常走路的。你是否注意到走路的时候，肩膀会微微朝与脚相反的方向移动。拳击跨步并不比这个正常的现象夸张。

>> **我可以只坚持做每个动作的第二次变异，而不做第三次吗?**

除非你的运动已经达到了你健身水平的极限。是你在健身，所以只有你才了解自己的身体和健身水平极限。如果你在做动作的第二次变异时知道自己还能做第三次变异，那你绝对应该做第三次变异。

>> **做俯卧撑的时候，我很难保持背部伸直。我能做什么改善一下?**

练习过程中，你要始终保持背部平直。如果做不到这一点，就用双手和膝盖撑在地上，臀部后翘，只将鼻子远离双手向前移；等你的肌肉强壮了，再尝试变异动作（如第 104 页步骤 26 的小图），先在很小的运动范围内运动；等你完全准备好了，再做完整的动作（第 104 页步骤 26 的大图）。

>> **弯曲腿腱 2、3 中，我的手臂要做些什么?**

设想肘部跟着音乐的节拍运动。双手轻柔地握拳，双臂形成一个有力的框。膝盖向后弯曲时，动作也要有所倾斜。

曼舞修身

综 述 >>

等你准备好了要健身，想找一个健身班时，舞蹈术语、舞蹈类型、舞蹈小技巧，所有这些你都可以去了解，去尝试。

>> 舞蹈术语**词汇表**

练习书中的舞蹈健身课程时，你可能会遇到一些不熟悉的舞蹈术语，下面的内容能帮你更好地理解它们。一般来说，我们都从"两脚并拢，平行站立"这个姿势开始，除非有别的要求。

姿态 两脚分开站立，与臀部同宽，膝盖放松。右膝提起，与臀部同高，膝盖要成直角。放下右脚，换左脚重复一遍。

换脚 右脚交叉到左脚后面，迅速提起左脚，右肩微微向前转。收回右脚，换另一边重复一遍，左脚交叉到右脚后面时，左肩要向前转。

拳击跨步 右脚向前侧方迈出，接着左脚向前侧方迈出。然后收回右脚，再收回左脚。

交叉前进 右脚交叉到左脚前，然后将右脚收回到初始位置，换另一边重复一遍。

交叉点地 右脚交叉到左脚前，左脚迈向侧面，脚尖点地。接着左脚交叉到右脚前，换另一边重复一遍。这个动作要向前向后重复运动。

两侧跨步 右脚向侧面迈出，左脚向右脚靠拢。重复一遍，然后换另一边重复一遍。臀部随动作提起、落下。

下图和对页的图解释了一些基本的芭蕾舞术语，在芭蕾舞健身中有用到。

初始手臂动作

手的运行 从初始位置开始，向前举起双臂，然后向上举(小图)，接着举到侧面，最后放下。

大吸腿 一只脚的脚尖要触碰另一侧的膝盖。

交叉跨步　右脚向侧面迈出,左脚交叉到右脚后面。右脚再向侧面迈一步,这次左脚向右脚靠拢。换另一边重复一遍。

弯曲腿腱　两脚分开站立,与臀部同宽,膝盖放松。弯曲右膝,右脚向臀部提起。然后放下右脚,弯曲左膝,左脚向臀部提起。

曼波　右脚交叉到左脚前,两脚脚尖踮起,抬起左脚再放下。右脚沿对角线方向收回右侧,两脚脚尖踮起,抬起左脚再放下。右脚再次交叉到左脚前,两脚脚尖踮起,抬起左脚再放下,然后右脚起步,左右脚在身体下方踏三小步。

腾跃　开始时脚跟并拢,脚尖分开。伸直双腿,踮起两脚脚尖。左脚慢慢放回地面的同时,弯曲右膝,使右脚脚掌保持不动。然后再次踮起两脚脚尖,右脚慢慢放回地面,弯曲左膝,将动作重复一遍。

萨尔萨舞　双手放在髋关节上。右脚向前迈一小步,右臀向侧面摆动。然后收回右脚,换左脚向前迈一小步,左臀向侧面摆动,将动作重复一遍,然后收回左脚。接下来右脚向后迈出,最后将右脚收回原点,再将左脚收回原点。

脚尖点地(爵士舞)　右脚向侧面迈出,脚尖点地,然后收回右脚,换另一边重复一遍。一只脚向外迈出的同时,同侧肩膀向前摆,另一侧肩膀向后摆。

侧弓步　右脚向侧面迈出,右侧肩膀向前转,同时踮起右脚脚尖,迅速抬起左脚。收回右脚,换另一边重复一遍。

脚尖点地(芭蕾舞)　两脚以"第二个姿势"(下图)开始,然后轻柔地弯曲双膝,重心移向左脚,伸直右腿并用脚尖点地。再次弯曲双膝,换另一边重复一遍。

屈膝　脚跟并拢,膝盖放松,脚尖朝外(小图),然后弯曲双膝,膝盖要处于脚尖上方。

第二个姿势　两脚分开,距离超出肩膀的宽度,脚尖朝外。

>> **舞蹈**类型

通过本书，你有机会体验 4 种不同类型的舞蹈。每种舞蹈都有不同的风格和技术，在音乐和身体部位运动方式上也有一些细微的差别。

芭蕾舞在教会你平衡、优雅的同时，能让肌肉得到拉伸；街舞的配乐节奏低沉，能使我们脚踏实地；爵士舞的脚和手臂动作快速有力，充满力量；臀部和手腕的轻柔绕圈则使萨尔萨舞充满美感。

很自然，某些舞蹈会使你觉得更舒服，但练习所有舞蹈很重要。开放心态，勇于尝试新鲜事物，能使你保持年轻、健康、精神自由和自然，还能帮你找回童心。因此，让我们开大音乐，享受舞蹈的乐趣吧!

萨尔萨舞

要保持身材，萨尔萨舞是一种令人振奋和充满活力的好办法。不管是否在舞池中练习，跳萨尔萨舞都有助于提升自信。萨尔萨舞的脚部动作简单易学，增加的萨尔萨元素——臀部、手腕和肩膀的运动——既性感又有趣；手腕绕圈，双手放在身体边上会使你显得美丽诱人；伴随脚的运动，臀部要放松并优雅地摆动；而微妙的肩膀动作则可以凸显音乐的情调和节奏。

这种快乐的调情式舞蹈，其起源和形成得追溯到许多拉丁文化和加勒比黑人文化。萨尔萨舞最早源于古巴，那里的人口混合了移民自欧洲和非洲的不同种族。西班牙的行吟诗人、带着鼓的非洲人和土著古巴人共同创造了今天我们所熟知的萨尔萨舞音乐。虽然古巴被认为

哈瓦那咖啡馆里的萨尔萨舞者。 萨尔萨舞通常在当地人聚会的场所表演，比如咖啡馆、俱乐部、饭店或礼堂。

是萨尔萨舞的诞生地，但萨尔萨这个名字是在很久以后的 20 世纪 70 年代，在美国纽约被命名的。此外，波多黎各人和非裔美国人也在很大程度上影响了萨尔萨舞。萨尔萨舞的基础是一种有节奏的节拍，被称作克拉维。最常用的克拉维是松－克拉维(son clave)，其特点是第一小节 3 拍，第二小节 2 拍。

在我设计的萨尔萨舞健身中，我从与萨尔萨舞有着相似的拉美文化起源的舞蹈类型中选

取了一些舞步。举例来说，萨尔萨舞和曼波的步调是一个8拍的小节上跳6步(见第17页)。这听上去比实际要难，窍门在于先用脚跟上节拍，等你感到脚的动作舒服了，再摆动臀部跟上节奏，同时在上方平稳地运动肩膀。然后再加入手臂的动作，完全跟上节奏。

芭蕾舞

　　数个世纪以来，芭蕾舞优雅的动作吸引了许多观众和舞者。对舞者而言，学习芭蕾舞技术，能学会平衡、优雅、高贵和美丽。而芭蕾舞灌输的身体适当挺直观念，有助于人们在日常生活中也保持良好的姿态。如何"支撑"自己是芭蕾舞的核心，因为练习时你经常要脱离重心，向上提起身体。而做每一个动作，你都要将头部向天花板的方向伸长，同时整个脚跟向外伸展。

所以，跳芭蕾舞时能漂亮地站立，日常生活中就不会没精打采。芭蕾舞使你挺拔，使你的身体充满活力，同时还能激励你的灵魂。

　　古典芭蕾最早是在意大利文艺复兴时期的皇宫表演，当时在那儿举行的精巧演出还包括舞蹈、音乐会和诗歌朗诵。起初，舞蹈的情节和动作都非常简单。很快，舞蹈在法国的流行使舞蹈风格变得更加复杂。如今的舞者能跳出队列和图案，使舞蹈以最好的形式呈现给坐在上方的观众。

　　起初，男性要饰演所有角色，扮演女性时就戴上面具和假发。到18世纪，女性也开始穿上

塔玛拉·罗霍饰演朱丽叶，卡洛斯·阿科斯塔饰演罗密欧。注意看，舞者腿、脚的伸展、用力，与他们手臂的柔软、优雅是一体的。

巨大的箍裙，参加舞蹈表演了。后来，裙子变短了，这样观众就能欣赏到她们高超的脚部动作。

到18世纪末，芭蕾舞传到了维也纳，那里的舞者和导演开始探索戏剧性主题及适当配合手势的运用。这种艺术形式广泛流行的同时，也获得了更深远的发展。1796年，曾在英国和俄罗斯工作的编舞家查理·狄德罗，第一次让舞者循着无形的线舞蹈，使他们看上去像在飞。之后很快就出现了在脚尖上舞蹈的形式，但舞者只能坚持几秒钟。

浪漫芭蕾以19世纪30年代的芭蕾舞剧《仙女》为开端，这个舞剧讲述了一个超自然的、命中注定的爱情故事。最为著名的浪漫芭蕾舞剧，是在19世纪剩下的时期内产生的。

20世纪以来，芭蕾的宽度和广度得到了持续不断的提升。现在，芭蕾舞已经遍布世界了。此外，还产生了很多源于芭蕾的舞蹈形式，包括现代舞（有时也叫当代舞）、爵士舞和踢踏舞。

爵士舞

这是一种活泼好玩的舞蹈，肩膀要剧烈运动，还要打响指，能使人联想到雪茄吧、萨克斯管、深夜、穿着高跟鞋和迷人服装的女孩。爵士舞的历史、风格完全与爵士乐交织在一起，你根本无法将它们分开描述。

爵士舞出现在第一次世界大战后，但爵士乐早在19世纪末就在美国的新奥尔良、圣路易斯和孟菲斯发源了。20世纪20年代，爵士乐开始繁荣，在歌舞餐厅和夜总会遍地开花。随后，"Flapper"这个词产生了，指的是剪短发，炫耀短裙，听爵士乐和拉格泰姆（一种早期爵士乐——编者注），只要有可能就反抗社会习俗的新女性。她们喜欢跳狐步舞、西迷舞和曾经很著

爵士舞编舞的范围很广，从抒情的到激烈的都有。

琴吉·罗杰斯和弗雷德·阿斯泰尔将爵士舞和音乐剧带入了主流文化。

名的查尔斯顿舞。

爵士乐融合了多种文化，它繁杂的起源地包括非洲、西班牙、法国、英国、德国和意大利。爵士乐的特征之一是切分音，即在音阶中强调弱拍而非强拍。另一个特征是摇摆——由鼓和低音提琴奏出的一种强烈律动。

这种新发明的切分音和摇摆彻底抛弃了上一代轻柔浪漫的音乐。在那之前，音阶都遵循着节拍和乐句的固定结构，音阶的重音放在第一拍和第三拍，与此相反，爵士乐强调弱拍——第二拍和第四拍。

自20世纪20年代"Flapper"新女性产生以来,随着社会习俗的变化,爵士舞发生了巨大的改变。在其76年的演艺生涯中,著名舞者、编舞家、演员弗雷德·阿斯泰尔通过在爵士舞中加入芭蕾舞和交际舞的元素,为爵士舞做出了独特的贡献。大致与弗雷德·阿斯泰尔同一时期的杰出编舞家和音乐剧导演鲍勃·弗斯,则在爵士舞剧中加入了高度程式化的感官性和戏剧性。直到今天,随着新的编舞者的出现,爵士舞仍在不断变化和成长。

街 舞

这是一个用来描述节拍时髦、音乐自然、形式活泼的现代舞蹈的宽泛词汇,包括 Hip-Hop、疯克(融合了 Hip-Hop 和爵士舞元素的一种黑人舞蹈——编者注)、House 甚至霹雳舞在内的各种舞蹈风格。流行音乐录像带中的舞蹈常常是一种街舞。街舞的核心在于个人风格和即兴表演,它可以在任何地方表演,但通常会选在俱乐部、家庭派对和学校操场上进行。非正式的街舞团体会聚到一起,轮流做即兴表演。当然,原创与风格多样化也很关键。非正式的街舞比赛叫"战斗",由个人或团体轮流表演竞技,胜负则由观众决定。

即兴表演有很多种形式。舞者可以踩着音乐的节奏,也可以脱离音乐的节奏舞动;可以通过分开运动身体的各个部位,来强调音乐的不同方面;可以用脚、臀部或仅仅一个肩膀来跟上音乐的节奏。街舞的乐趣就在于这种多样化,你怎么做都可以,重要的是享受乐趣,享受节拍。

许多草根舞蹈团体,比如下面这个美国舞蹈团,致力于将流行舞蹈文化带入古典舞蹈场所中。

>> 选择合适的课程和教练

如果你已经在家体会过舞蹈的好处，跳舞跳上了瘾，想更深入地发展这一新培养的技能，那你就有机会把它学好。上舞蹈课是一个很好的办法，能提升你的健康水平并使你找到乐趣。

选择一个合适的课程和教练很重要。最好是通过朋友或同事推荐，也可以尝试当地的健身馆。如果当地健身馆不开设舞蹈课程，图书馆或市政厅可以提供一个开设舞蹈课程的场所名单。要多了解外部信息，许多社区的对外项目都以促进锻炼为目的。当然，你也可以通过网络去寻找。

检验它提供了什么

找舞蹈班时，列一个要点清单对你而言很值得，也很重要。像右图那样，要依据你的需求重点列单子。

一旦找好了舞蹈班，你还要看教练是否合适，还要确认他(她)是否具备执教资格。要注意，舞蹈教练有各种级别的证书。千万不要害羞，不敢跟教练了解他(她)参加过的培训课程。最理想的是，教练经过长期培训(警惕那些只培训了一个周末的教练)，并通过了笔试和实操考试。笔试能很好地考核一个人的知识，通过实操考试则说明你的教练能将这些知识清楚明了地教授给你。

同教练的高资历一样，你跟教练是否投缘也很重要。如果你们关系好，你就更可能按时去上课。

最后，还要注意你是否喜欢那里的气氛，对课程是否积极，教练是否使你觉得自己受欢迎，

> ## >> 舞蹈班选择要点
>
> - **高资历又友好**的教练
> - **课程符合**你的健身水平
> - **上课时间很方便**，符合你的日常活动习惯
> - **费用**合适
> - **地点方便**，有停车场
> - **舒适**、干净的环境
> - **干净**的地板和垫子
> - **条件很好的更衣室**、淋浴间，安全的置物柜
> - **有浴巾出租**
> - **饮用水**免费供应
> - **有快餐部**
> - 需要时能提供**儿童照管服务**

你是否能获得足够的关注。你可能要尝试几个不同的舞蹈班才能找到最合适的那个。要学好舞蹈，你就必须找到一个既能使你获得乐趣，又能使你精力充沛的舞蹈课。

确保你找到的教练能在一种友好、积极的上课氛围中给你个性化的指导。

致 谢

作者致谢

我要真诚地感谢使本书得以完成的许多人。首先是阿丽西亚·温加罗，把我的名字放在前面的人；第二个是我优秀的男朋友兼经纪人——斯文·洛伦茨，在我犹豫的时候推动我前进；感谢詹尼·莱瑟姆，对我由衷地信赖，从始至终给予我极大的支持和鼓励；感谢希拉里·曼德尔伯格，感谢她的慧眼、专业的编辑能力和仁慈；感谢安妮·费希尔，为她在绝境中的积极应对和为此书所做的漂亮设计；感谢鲁思·詹金森，感谢她精彩的摄影；感谢维克·巴恩斯所做的引人注目的化妆和发型设计；感谢 Chrome 制作公司的每一个人，感谢他们神奇的编辑能力和音乐才华；感谢我所有的顾客，他们给了我无止境的支持、爱，在工作和娱乐上给了我许多建议；还有美丽的舞者——哈丽特·莱瑟姆，感谢她为这本书投入了无数时间，她的贡献和无数个周末成就了这本书。

出版者致谢

感谢摄影师鲁思·詹金森和她的助理安·伯克、内森·詹金森，感谢 sweatyBetty 在运动服装方面的赞助，感谢薇芙·赖利联系了拍摄场地，感谢模特哈丽特·莱瑟姆，感谢维多利亚·巴恩斯在做头发、化妆方面的工作。

图片致谢

感谢以下人士好心允许我们复制他们的图片：贝特曼／科比斯，第 120 页（下图）；数码摄影／阿拉米，第 118 页、第 120 页（上图）；朱丽叶·格罗西／德国 ZEFA 图片公司／科比斯，第 121 页；罗比·杰克／科比斯，第 119 页。

想进一步了解其他图片，请查询 www.dkimages.com。

>> 出版后记

随着各类高新技术的蓬勃发展和生活方式的变化，现代人越来越依赖城市的保护。远离自然威胁的同时，人们的健康水平却出现了明显的倒退。要找回健康，除了合理饮食、保持心理平衡外，运动也很重要。一些人因为懒惰，无法坚持长时间的运动；一些人太忙，找不出时间锻炼；还有一些人因为不喜欢去健身房，就干脆不做运动。

我们引进的这套"15分钟就够！"健身丛书，专为紧张忙碌的现代人量身定做。每本书都包含4组运动，每组运动都只要15分钟，从简单的动作入手，使用简易的健身器械，使读者在家就能做运动。丛书涵盖全身运动、腹部运动、腰部运动及普拉提、瑜珈、舞蹈等主题，既能锻炼身体的各个部位，又具有活泼多样的形式，在激发读者锻炼欲望的同时，还能引领读者在运动中找回孩子般的快乐。另外，作者们为读者切身考虑，建议有健康问题或正在就医的读者在锻炼前咨询医生；还鼓励读者正视自身的问题，选择适合自己的运动类别及运动强度。

《曼舞修身》是丛书的第二本。作者凯伦·博斯勒经过专业的舞蹈教育，做过舞者和编舞，获得了普拉提认证，又担任过多年的私人健身教练。在这本书里，作者创造性地将舞蹈与有氧运动结合起来，设计出4组舞蹈健身，使读者在健身的同时还能享受纯粹地舞蹈的乐趣。选取的4种舞蹈——萨尔萨舞、芭蕾舞、爵士舞、街舞、兼具柔美与动感、古典与现代，动作经典，且简单易学，便于没有舞蹈基础的读者练习。此外，作者还在如何保持正确姿势、运动空间大小、呼吸方法及课程，教练选择方面给读者提供了专业的建议。

让我们一起运动起来，找回没有慢性病、自主生活、快乐生存的高质量健康寿命吧！

世界图书出版公司北京公司

服务热线：133-6657-3072　139-1140-1220
服务信箱：teacher@hinabook.com

世图北京公司"小学堂"编辑部
2010年11月

图书在版编目（CIP）数据

曼舞修身 /（美）博斯勒著；王贯中译.
—北京：世界图书出版公司北京公司，2010.11
书名原文：Dance Workout
ISBN 978–7–5100–2938–7

Ⅰ．①曼⋯ Ⅱ．①博⋯ ②王⋯ Ⅲ．①健身运动－基本知识
Ⅳ．①G883

中国版本图书馆CIP数据核字（2010）第208769号

DK

A Dorling Kindersley Book

www.dk.com

曼舞修身（附赠DVD）

著 者：	（美）凯伦·博斯勒	译 者：	王贯中	丛 书 名：	15分钟就够！
筹划出版：	银杏树下	出版统筹：	吴兴元	责任编辑：	罗炎秀 云 逸
营销推广：	ONEBOOK			装帧制造：	墨白空间

出 版： 世界图书出版公司北京公司
出 版 人： 张跃明
发 行： 世界图书出版公司北京公司（北京朝内大街137号 邮编100010）
销 售： 各地新华书店
印 刷： 北京华联印刷有限公司（北京经济技术开发区东环北路3号 邮编100176）

开 本： 720×1020毫米 1/16
印 张： 8
字 数： 140千
版 次： 2011年1月第1版
印 次： 2011年1月第1次印刷

教师服务： teacher@hinabook.com 139–1140–1220
读者咨询： onebook@263.net
营销咨询： 133–6657–3072 010–8161–6534
编辑咨询： 133–6631–2326

ISBN 978-7-5100-2938-7/C·127　　　　　　　　　　　　　　定价：49.80元

如存在文字不清、漏印、缺页、倒页、脱页等印装质量问题，请与承印厂联系调换。联系电话：010-67876655

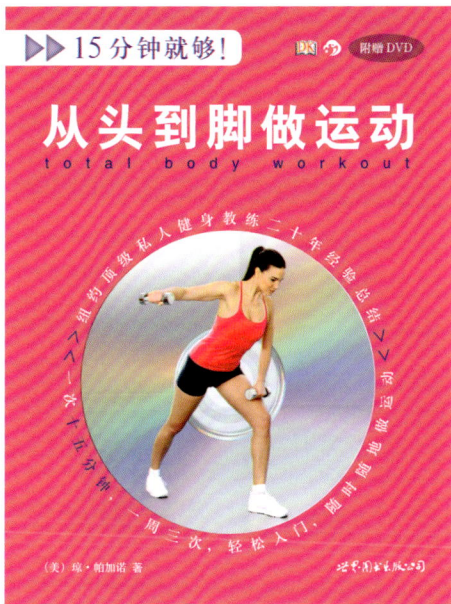

从头到脚做运动

（附赠 DVD）

著　者：（美）琼·帕加诺
译　者：梁　馨
书　号：ISBN 978-7-5100-2937-0/C·126
版　次：2011 年 1 月第 1 版
定　价：49.80 元

纽约顶级私人健身教练 20 年经验总结
一次 15 分钟，一周 3 次
轻松入门，随时随地做运动

>> 有氧运动、力量训练相结合
>> 小图大图清晰明了，步骤分解，详示无遗
>> 真人示范 DVD 解说专业、配乐动感，直观演示书中动作

作者简介

　　琼·帕加诺，美国大学优等生荣誉学会会员，以优异的成绩毕业于美国康涅狄格大学，由最权威的美国运动医学学院（ACSM）授予健康和健身指导证书。此外，琼还是业界认可的，针对绝经、乳腺癌和骨质疏松等健康问题的女性健身运动效益方面的权威。从 1988 年开始，她就在曼哈顿上东区担任个人健身教练，为健身水平各异的人们提供专业指导和支持。在工作中，她创建了数百个为个人、群体、健身机构、学校、医院和公司量身定做的健身计划。

　　今天，琼管理着自己的健身专家团队，这个团队组成了琼·帕加诺健身集团。

内容简介

　　本书是广受尊敬的美国纽约私人健身教练琼·帕加诺 20 年健身教学经验的总结。书中包含 4 组 15 分钟的运动——点步，沙滩球，单脚跳、吉格舞、双脚跳，旋转弓步，分别针对头部、躯干、手臂、腿、脚等身体部位从头到脚做运动。入门级的动作简单易学，使用的健身器械也很简便，方便读者在家做运动。并且，这 4 组运动都从热身运动开始，耐力训练中交叉进行有氧训练，最后以放松运动结束，动作设计科学合理。

>> 即将出版

《美背健脊》

按书中介绍的方法坚持锻炼，可以强化背部，减少背部疼痛，并防止背部出现问题。经验丰富的普拉提教练、旧金山萨缪尔芭蕾舞团首席物理治疗师苏珊娜·马丁著。

《天天普拉提》

不用上健身课，不需要特别的器材，就能使身体更结实、强壮，姿势更优雅。纽约最大的普拉提工作室"阿丽西亚·安格罗的真正普拉提"所有者阿丽西亚·安格罗著。

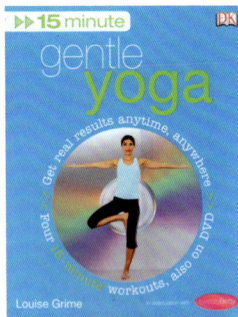

《轻柔瑜珈》

英国的瑜伽和补充医疗中心——伦敦生命中心的三维瑜珈教练路易丝·格赖姆为没时间去上瑜伽课的人设计，每天做 15 分钟的轻柔瑜珈，就能提高身体柔韧性，减轻压力，使你完全放松下来。

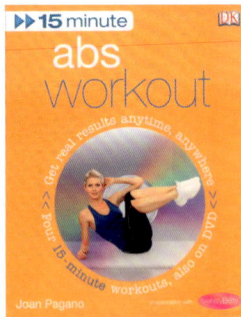

《打造完美小腹》

想让自己的躯干更强壮、结实，小腹更平坦，肌肉伸展得更长并且变瘦吗？那就跟纽约顶级私人健身教练琼·帕加诺一起锻炼腹肌吧!